Friederike Wilhelmi

WAS IST WAHR?!

WARUM TRAGEN PIRATEN AUG… ?

Illustration…

arsEdition

Bibliografische Information Der Deutschen Bibliothek

Die Deutsche Bibliothek verzeichnet diese Publikation in der Deutschen Nationalbibliografie; detaillierte bibliografische Daten sind im Internet über http://dnb.ddb.de abrufbar.

5 4 3 2 1   08 07 06 05

Textlektorat: Elke Hesse
ISBN 3-7607-4842-2

www.arsedition.de

Inhalt

Warum feiern wir Fasching?

a) Ursprünglich feierten die Menschen im Februar ein Frühlingsfest, um den Winter zu vertreiben. Mit den Christen verwandelte sich die Feier in ein großes Ess- und Trinkgelage, denn man nutzte die Tage vor der Fastenzeit, um noch einmal richtig zuzulangen.

b) Am 11.11.1374 wurde ein Hofnarr in Köln zum Tode verurteilt, weil er Essen aus der Fürstenküche gestohlen hatte. Im Gefängnis munterte er alle Mitgefangenen mit seinen Späßen so auf, dass es sich überall herumsprach. Mitte Februar kam er wieder frei. Ihm zu Ehren feiern wir seither am Fasching ein Narrenfest.

c) Zur Faschingszeit gedenken wir des griechischen Theaterautors Aristophanes. Er soll bei einer Aufführung nackt auf die Bühne gesprungen sein und gerufen haben: »Ich bin jetzt euer Chef, der da ist viel zu zugeknöpft!« Dabei zeigte er auf den eigentlichen Volksführer, den keiner mehr akzeptierte. Daraufhin entbrannte ein tosendes Fest.

Richtig ist Antwort a)

Einmal im Jahr steht die Welt Kopf und das schon seit Jahrhunderten. Bereits vor dem Christentum feierten die Menschen im Februar laute Frühlingsfeste, um den Winter zu vertreiben.

Die Christen übernahmen diese Feier, allerdings nicht, um den Winter loszuwerden, sondern um vor der Fastenzeit noch einmal ausgiebig zu essen und zu trinken. Fasten bedeutet nämlich, sich sechs Wochen lang, also von Aschermittwoch bis Karfreitag, mit der Nahrung stark einzuschränken.

Die Namen »Fastnacht« oder »Fasching« entstanden aus »vastschanc«. Das bedeutete im Mittelalter »Ausschank vor Fastenbeginn«. Und »Karneval« kommt aus dem lateinischen »Carnelevale« und bedeutet Fleischentzug oder scherzhaft ausgedrückt »carne vale«: »Fleisch lebe wohl«.

Die großen Fressgelage vor der Fastenzeit waren auch aus rein praktischen Gründen notwendig, denn die Vorräte, die in den folgenden sechs Wochen nicht gegessen werden durften, mussten schließlich weg.

Was passiert am »Siebenschläfer«-Tag?

a) Gemeint ist der 27. Juni. Einer alten Legende nach sollst du an diesem Tag sieben Jahre lang in einen Tiefschlaf fallen, wenn du dich nicht am Morgen von deinen Sünden mithilfe der Beichte befreist. Dies soll im Jahr 516 nach Christus einem Knaben passiert sein, der schlug seinen Bruder, ohne es gebeichtet zu haben. Erst 523 wachte er wieder auf.

b) Da der Siebenschläfer, ein Nagetier, vom Aussterben bedroht ist, hat der BfaT (Bund für aussterbende Tierarten) den 1. Oktober zum Siebenschläfer-Tag erklärt, an dem Aktionen zugunsten des Nagers durchgeführt werden. Sein Name stammt von dem siebenmonatigen Winterschlaf, den er hält.

c) Der Siebenschläfer-Tag ist der 27. Juni. Eine alte Bauernregel sagt: »Regnets am Siebenschläfertag, es noch sieben Wochen regnen mag.«

Richtig ist Antwort c)

Eine alte Bauernregel lautet: »Regnets am Siebenschläfertag, es noch sieben Wochen regnen mag.« Und eine andere: »Ist der Siebenschläfer nass, regnets ohne Unterlass.«

Gemeint ist der 27. Juni. Dieser Tag soll angeblich das Wetter der folgenden Wochen bestimmen. Und tatsächlich: Die Wetterregel trifft zu etwa 70 Prozent zu. Allerdings nur, wenn man nicht nur direkt am 27. Juni das Wetter betrachtet, sondern über mehrere Tage von Ende Juni bis Anfang Juli. Dann bekommt man tatsächlich einen guten Trend für die folgenden Wochen. Denn in dieser Zeit stabilisiert sich die Großwetterlage. Eines ist jedoch sicher: Es wird nie sieben Wochen lang ohne Unterlass regnen!

Wie viele Sprachen gibt es auf der Welt?

a) Es gibt schätzungsweise 4000 bis 6000 Sprachen auf der Welt. Genauere Angaben gibt es leider nicht, da noch heute in abgelegenen Gebieten neue Sprachen entdeckt werden.

b) Amerikanische Sprachwissenschaftler machten sich von 1987 bis 1990 auf den Weg durch die ganze Welt, um alle Sprachen zu erfassen und zu dokumentieren. Sie zählten exakt 1394.

c) In Afrika, Amerika und Australien wurden 1961 die so genannten »little languages« (auf Deutsch: »kleine Sprachen«), also die, die nur von wenigen Menschen gesprochen wurden, gesetzlich verboten. Seitdem gibt es offiziell nur noch 34 Sprachen auf der Welt.

Richtig ist Antwort a)

Sprachforscher gehen davon aus, dass es auf der Erde zwischen 4000 und 6000 verschiedene Sprachen gibt. Das ist natürlich nur eine Schätzung, denn es sind längst nicht alle bekannt und noch heutzutage werden immer wieder neue entdeckt. Vor allem in abgelegenen Gebieten der Erde, in die man schwer gelangt, wie zum Beispiel in den tropischen Regenwäldern.

Viele Menschen wünschen sich, dass es auf der ganzen Welt nur eine einzige Sprache gibt, denn dann könnten sie weltweit problemloser miteinander kommunizieren. Sprache bedeutet aber auch Kultur. Wenn ein Volk also seine Sprache vollkommen aufgeben würde, gäbe es auch einen großen Teil seiner eigenen Identität auf. Daher ist beides wichtig: das Erlernen anderer Sprachen, die weit verbreitet sind, wie zum Beispiel Englisch – und das Pflegen der eigenen Sprache und damit der eigenen Kultur.

Warum gibt es an St. Martin einen Laternenumzug?

a) Von St. Martin wird erzählt, dass er im 13. Jahrhundert lebte und besondere Heilkräfte hatte. Er zog als Nachtwächter mit seiner Laterne durch die Straßen. Und sobald sein Licht einen kranken Menschen streifte, war dieser geheilt. Seither gedenken wir jedes Jahr dieses heiligen Mannes, indem wir mit Laternen durch die Straßen ziehen.

b) St. Martin war ein so guter Mann, dass er fast all sein Hab und Gut an Bedürftige verschenkte. Als man ihn dafür ehren und zum Bischof weihen wollte, versteckte er sich. Die Menschen suchten ihn überall und durchstreiften sogar nachts mit Laternen die Gegend.

c) Martin lebte um 1500 auf Helgoland. Als eines Abends ein Sturm aufkam, entzündete er ein großes Feuer an der Küste. So konnten sich die Fischer nach Hause retten. Seither gibt es Leuchttürme und einen Laternenumzug am Martinstag.

Richtig ist Antwort b)

St. Martin lebte von 317 bis 397 nach Christus und arbeitete beim römischen Militär. Als er von einem nächtlichen Ritt nach Hause kam, bat ihn ein halb erfrorener Bettler um eine Gabe. Martin hatte kein Geld bei sich. Also nahm er seinen Mantel, halbierte ihn mit seinem Schwert und gab die eine Hälfte dem Bettler.

Das und viele andere gute Taten machten ihn im ganzen Land beliebt. Daher wollte man ihn zum Bischof weihen. Aber Martins Bescheidenheit war so groß, dass er sich in einem Gänsestall versteckte, als er davon hörte. Die Menschen suchten ihn überall und durchforsteten nachts mit Laternen die Gegend. Die Gänse verrieten ihn schließlich, denn sie kreischten so laut über den Eindringling, dass man ihn fand.

Deshalb ziehen wir am Martinsabend mit leuchtenden Laternen singend durch die Straßen und essen eine Martinsgans.

Übrigens: Martin wurde doch noch Bischof von Tours.

Warum bringt der Hase die Ostereier?

a) Im Theaterstück »Faust« von Johann Wolfgang von Goethe macht die Hauptfigur einen ausgiebigen Osterspaziergang und glaubt, zwei Hasen zu beobachten, die Eier legen und diese anschließend in kleine Nester verstauen. Diese Geschichte gefiel den Deutschen so gut, dass sie sie in ihren Osterbrauch übernahmen.

b) Der Eier legende Hase stammt aus der griechischen Mythologie: Zeus, der König der Götter, soll aus Eifersucht seine Gattin in eine Häsin verwandelt haben. Aus Rache gebar sie ihm keinen Sohn, sondern ein Hühnerei. Daraus schlüpfte Apollon, der schöne Gott des Lichts und der Jugend. Seither ehrt man den Osterhasen.

c) Der Hase ist ein sehr fortpflanzungsfreudiges Tier. Daher wurde er in der Zeit vor dem Christentum schon auf Frühlingsfesten geehrt. Der Mythos, dass er auch noch Eier legt, entstand wahrscheinlich, weil die Hasen bei ihrem Balzverhalten im Frühling derartigen Wirbel machen, dass sie brütende Vögel verscheuchen. Die zurückgebliebenen Eier wurden kurzerhand den Hasen zugeschrieben.

Richtig ist Antwort c)

Das Osterfest wird jedes Jahr an dem Wochenende nach dem ersten Frühlingsvollmond gefeiert. Vor dem Christentum feierten die Menschen zu diesem Zeitpunkt ein Fest zu Ehren der Fruchtbarkeitsgöttin Ostara. Und da der Hase ein fortpflanzungsfreudiges Tier ist, wurde er ihr als heiliges Tier zur Seite gestellt.

Seit dem 2. Jahrhundert verwandelte sich dieses heidnische Fest in das christliche Osterfest. Der Hase trat mit diesem Wandel zunächst in den Hintergrund. An seine Stelle rückten die Eier. Auch sie standen für Fruchtbarkeit und Leben. Und weil sie eine so große Bedeutung hatten, durften es keine gewöhnlichen Hühnereier sein. Sie wurden bunt angemalt und in unterschiedlichen Regionen von verschiedenen Tieren gebracht: dem Fuchs, dem Hahn oder dem Storch. Doch der Hase eroberte sich seinen Platz zurück. Dazu gibt es folgende Theorie:

Jedes Jahr im Frühling kämpfen die männlichen Hasen um ihre Weibchen. Bei dem Spektakel vertreiben sie brütende Vögel wie Kiebitze und Wachteln. Und die zurückbleibenden Vogeleier sind farbig. So könnte der Mythos vom Hasen, der bunte Ostereier bringt, entstanden sein.

Warum heißt die größte internationale Auszeichnung beim Film »Oscar«?

a) Das kommt daher, weil eine Sekretärin der Akademie für Filmkünste und -wissenschaften in Hollywood beim Anblick des Goldjungen angeblich gerufen hat: »Der sieht ja aus wie mein Onkel Oscar!«

b) »Oscar« ist die Abkürzung für »original super car«, was auf Deutsch so viel heißt wie: originales Superauto. Ursprünglich sollte die Trophäe nämlich ein kleines, goldenes Auto darstellen. Erst kurz vor der ersten Preisverleihung hat man sich für einen Goldjungen entschieden.

c) Der Oscar wurde 1929 zum ersten Mal an einen Bernhardiner namens Oscar verliehen. Er spielte in einem Krimi eine tragende Rolle. Der Hund wurde so beliebt, dass die größte Filmauszeichnung nach ihm benannt wurde.

Richtig ist Antwort a)

Der 34 Zentimeter große Goldjunge ist der wichtigste Filmpreis der Welt. Verliehen wird er jedes Jahr im März von der »Academy of Motion Pictures Arts and Sciences« (auf Deutsch: Akademie für Filmkünste und -wissenschaften) in Hollywood.

Ursprünglich hieß der Preis »Verdienstauszeichnung für herausragende Leistungen«. Aber alle nennen ihn nur »Oscar«.

Es wird erzählt, dass er diesen Spitznamen einer Sekretärin verdankt. Als sie die Statue zum ersten Mal sah, soll sie gerufen haben: »Der sieht ja aus wie mein Onkel Oscar!«

Am 16. Mai 1929 war es zum ersten Mal so weit: Die 250 Akademie-Mitglieder trafen sich in Los Angeles in einem Hotel zur ersten Preisverleihung. Es waren kaum Preisträger anwesend und die Zeremonie dauerte ganze 4 Minuten und 22 Sekunden! Kaum zu glauben, denn heute dauert die Oscar-Verleihung mehr als 4 Stunden.

Ist Freitag, der 13. wirklich ein Pechtag?

a) Ja, es ist statistisch nachgewiesen, dass an einem Freitag, den 13. wesentlich mehr Unglückfälle passieren als an allen anderen Tagen, manchmal sogar doppelt so viele! Wissenschaftler stehen noch heute diesbezüglich vor einem Rätsel.

b) Nein, das ist alles Abergaube, es passieren nicht mehr und nicht weniger Unglücke als an anderen Tagen. Freitag, der 13. wird allerdings schon immer für einen Unglückstag gehalten, weil an einem Freitag (Karfreitag) Christus gekreuzigt wurde und die Zahl 12 die Zahl der »Ordnung« ist. Die 13 folgt auf die 12 und zerstört sozusagen die Ordnung.

c) Es ist bewiesen, dass immer am Freitag, den 13. die Venus der Erde näher steht als an allen anderen Tagen. Für besonders venusempfindliche Menschen bedeutet dies, dass sie in dieser Nacht oft schlafwandeln und ihr Kreislauf morgens nicht in Gang kommt. Unkonzentriertheit ist die Folge und das führt bekanntlich zu Unfällen.

Richtig ist Antwort b)

An einem Freitag, den 13. solltest du am besten das Haus nicht verlassen. Du könntest dir gleich auf der Treppe ein Bein brechen oder mit dem Fahrrad stürzen! So denken zumindest einige. Aber das ist alles Aberglaube! An einem Freitag, dem 13. geschehen nicht mehr und nicht weniger Unglücksfälle als an allen anderen Tagen auch. Trotzdem hält sich hartnäckig der Glaube, dass dieser Tag Pech bringen könnte.

An einem Freitag wurde der Überlieferung nach Christus gekreuzigt. Danach galten am Freitag geborene Kinder als Unglückskinder. Wenn ein Jahr mit einem Freitag begann, wurde es als Unglücksjahr bezeichnet.

Und der Zahl 13 war nicht zu trauen, weil sie auf die 12 folgt – und die steht für Ordnung. Jesus hatte zum Beispiel 12 Apostel, ein Jahr hat 12 Monate, Tag und Nacht haben je 12 Stunden. Die 13 wird daher als das »Dutzend des Teufels« bezeichnet (1 Dutzend = 12). Sie kann nur Chaos und eben Unglück bedeuten.

Der Aberglaube ist so weit verbreitet, dass manche Hotels keine Zimmer mit der Nummer 13 haben oder Fluggesellschaften auf die 13. Sitzreihe verzichten.

Seit wann feiern wir Muttertag?

a) In England gab es schon im Mittelalter den so genannten »Mothering Sunday«. Dieser Tag war in erster Linie ein Ehrentag für die »Mutter Kirche«, aber auch leibliche Mütter wurden besucht und beschenkt. Nachdem die Tradition in Vergessenheit geriet, nahm sie eine amerikanische Frauenrechtlerin 1907 wieder auf.

b) Der Muttertag wurde 1949 in Deutschland erfunden. Da sehr viele deutsche Männer im zweiten Weltkrieg gefallen oder noch in Gefangenschaft waren, bauten in erster Linie die Frauen und die Mütter das durch den Krieg zerstörte Land wieder auf. Der Verband der deutschen Mütter und Großmütter (VDMG) setzte sich dafür ein, dass sie dafür einmal im Jahr geehrt werden.

c) Es wird erzählt, dass eines Tages die Gräfin von Habsburg in eine politische Sitzung ihres Sohnes platzte und ihn vor all seinen Mitarbeitern anschnauzte, er würde sich hier amüsieren, während sie seine schmutzige Wäsche waschen müsse. Der Graf rettete sich aus der peinlichen Situation, indem er den Muttertag einführte.

Richtig ist Antwort a)

In Deutschland wurde der Muttertag 1922/23 erstmals genannt. Jeden zweiten Sonntag im Mai ist es so weit: An diesem Tag werden die Mütter vielerorts beschenkt, bekocht und verwöhnt als Dank für alles, was sie tagtäglich für die Familie leisten.

Schon im Mittelalter gab es in England den so genannten »Mothering Sunday«. Damals stand allerdings »Mutter Kirche« im Mittelpunkt. Ihr wurde an diesem Tag Dank entgegengebracht. Aber auch die leiblichen Mütter wurden gefeiert. So mussten zum Beispiel die Knechte und Mägde nicht arbeiten, sondern konnten an diesem Festtag ihre Eltern besuchen.

Irgendwann geriet der Festtag in Vergessenheit und erst 1872 wurde er wieder eingefordert. Und zwar von der amerikanischen Schriftstellerin und Frauenrechtlerin Julia W. Howe – leider ohne Erfolg. Erst als ihre Tochter Anna Jarvis die Idee am 9. Mai 1907, dem 2. Todestag ihrer Mutter, wieder aufgriff, traf sie genau den Zeitgeschmack.

1914 erklärte der amerikanische Präsident Wilson den zweiten Sonntag im Mai in den USA zum nationalen Ehrentag.

Warum feiern wir Halloween?

a) Eine englische Königin, die im Mittelalter vier Jahrzehnte grausam über ihr Volk herrschte, hieß mit Vornamen »Weenley«. Als sie starb, feierte das Volk ein Freudenfest. Man erzählt sich, dass die Böse weder in den Himmel noch in die Hölle kam, denn selbst der Teufel wollte sie nicht. Halloween kommt von »Hallo Weenley«, was die Engländer jedes Jahr an ihrem Todestag laut durch die Gassen rufen, um ihren ruhelosen Geist zu ärgern.

b) Halloween ist ein uraltes Fest aus Irland. Dort feiert man schon seit 5000 Jahren am 31. Oktober das Ende des Sommers und den Anfang des Winters. Man glaubte daran, dass an diesem Abend die Geister aus ihren Gräbern steigen. Dieser gruselige Charakter des Festes hat sich bis heute gehalten.

c) Halloween kommt aus Amerika. Dort haben die Seefahrer im 16. Jahrhundert diesen Festtag zu Ehren der Götter eingeführt. Sie verkleideten sich als Geister, um den echten Geistern und Göttern zu zeigen, dass sie einer von ihnen seien. Dadurch erhofften sie sich, die Götter zu besänftigen und so größere Chancen auf erfolgreiche Seefahrten zu haben.

Richtig ist Antwort b)

Am Abend vor Allerheiligen gibt es den Brauch, dass Kinder als Gespenster verkleidet durch die Straßen laufen und Menschen erschrecken. Dieses Fest wurde schon vor 5000 Jahren in Irland gefeiert. Damals hieß es »Samhain«. Am 31. Oktober feierten die Menschen das Ende des Sommers und den Anfang der dunklen Jahreszeit. Man erzählte sich, dass speziell an diesem Abend die Geister der Verstorbenen zu Besuch in ihre ehemalige Heimat kamen. Die Menschen stellten Licht in ihre Fenster, um sie abzuschrecken, denn Geister scheuen ja bekanntlich das Licht. Aber da man die Geister auch nicht erzürnen wollte, stellte man ihnen Speisen und Getränke vor die Tür.

»Samhain« hat sich über die Jahrhunderte gehalten und wurde durch die Auswanderer aus Irland nach Amerika gebracht.

Heute glauben die Menschen nicht mehr an Gespenster. Und so feiert man in Irland, England und Amerika und inzwischen auch bei uns Halloween wie eine Art Gruselkarneval.

Übrigens: Die Christen haben ihr Allerheiligenfest direkt nach Samhain gelegt. Die Bezeichnung »Halloween« ist eine Abkürzung von »Hallow Evening«, was so viel heißt wie »Abend der Heiligen«.

Warum bringt angeblich der Storch die Babys?

a) Der Maler Vincent van Gogh malte im Hintergrund seines berühmten Seerosenbildes einen Storch mit Baby im Schnabel. Beim Entstehen dieses Bildes kam nämlich sein Bruder zur Welt und Vincent beobachtete die Rückkehr der Störche aus dem Süden. Beide Ereignisse verarbeitete er beim Malen. Seither heißt es, dass Störche die Babys brächten.

b) Der Sage nach gab es im Mittelalter in Finnland eine Hebamme, die Flügel hatte. Sie trug einen weißen Kittel, hatte eine sehr lange Nase und im Winter Skier an den Füßen. Von weitem ähnelte sie also einem Storch.

c) Früher war es den Eltern sehr peinlich, Fragen zum Thema Kinderkriegen zu beantworten. Also flüchteten sie sich in das Lügenmärchen mit dem Storch, der angeblich die Kinder bringt. Und den Storch haben sie wahrscheinlich ausgewählt, weil er sehr treu und fortpflanzungfreudig ist.

Richtig ist Antwort c)

Die Geschichte vom Storch, der die Babys bringt, stammt aus Skandinavien. Dort gibt es folgende Legende: Wenn eine Frau von einem Storch ins Bein gebissen wird, ist sie schwanger. Die Gebissene muss daraufhin das Bett hüten und neun Monate später bringt ihr der Storch ein Kind.

Diese Geschichte wurde zu einer Zeit erfunden, als sich Eltern noch vor den Fragen ihrer Kinder nach dem Kinderkriegen drückten. Sie schämten sich, ihnen Details über Kinderkriegen und Sex zu schildern.

Warum aber ausgerechnet der Storch vorgeschoben wurde, darüber gibt es nur Vermutungen:

Vielleicht weil der Storch jedes Frühjahr wieder in sein gewohntes Brutgebiet zurückkehrt, also sehr »heimelig« ist. Außerdem treffen sich meist die gleichen Pärchen vom Vorjahr wieder an ihren alten Nistplätzen. Das macht den Storch aus der Sicht des Menschen natürlich sehr sympathisch. Und er hat ein äußerst freizügiges Sexualleben. Störche paaren sich zum Teil mehrmals in der Stunde. Vielleicht sind sie daher Symbol der Fruchtbarkeit.

Wer erfand die Schultüte?

a) Schon seit Jahrtausenden bekamen Kinder Leckereien, wenn große Veränderungen anstanden. Wenn ein Geschwisterchen zur Welt kam, erhielten die Großen eine Art Trosttüte mit Süßigkeiten, weil die Eltern sich ab dann weniger um sie kümmern konnten. Die Tüte hatte die Form eines Storchenschnabels, denn der Storch brachte der Legende nach die Babys. Aus der Trosttüte ist schließlich die Schultüte geworden.

b) Schultüten gab es schon im antiken Griechenland. Damals beschenkte man die Kinder zum alljährlichen Sportfest. Den Kindern wurde erzählt, dass für sie eine Tüte aus dem Boden wachsen würde, sobald sie groß genug fürs Sportfest waren.

c) Die Schultütentradition stammt aus Indien. Dort bekommen die Kinder ihre Tüten allerdings nicht zur Einschulung, sondern sobald sie im Hinduismus (das ist die Religion der meisten Inder) eine höhere Stufe erreicht haben. Die Christen haben diese Tradition übernommen und schenken die Tüten ihren Kindern zur Einschulung.

Richtig ist Antwort a)

Schon aus der Antike ist bekannt, dass Kinder in Zeiten großer Veränderung mit Süßigkeiten und Obst beschenkt wurden.

Die Schultütentradition stammt aus Deutschland. Mitte des 19. Jahrhunderts bekamen Kinder in Thüringen und Sachsen bei ihrer Einschulung zum ersten Mal eine Schultüte. Dabei wurde ihnen erzählt, dass in dem Haus des Lehrers ein Schultütenbaum stünde, an dem die Tüten wachsen würden. Und wenn sie »reif« seien, würden sie gepflückt und an die Kinder verteilt, die groß genug für die Schule seien. Schnell verbreitete sich der Brauch in ganz Deutschland.

Und die Form der Tüte ist auch nicht zufällig. In manchen deutschen Gegenden gab es die Tradition, größeren Kindern Tüten voller Süßigkeiten zu schenken, sobald in der Familie Nachwuchs gekommen war. Es sollte ein Trost dafür sein, dass die Eltern jetzt weniger Zeit hatten. Die Tüten hatten die Form der heutigen Schultüten, denn sie erinnern an einen Storchenschnabel und der Legende nach bringt der Storch die Babys. Aus dieser Trosttüte ist im Laufe der Zeit dann die Schultüte geworden.

Was passiert in der Walpurgisnacht?

a) Der Name »Walpurgis« kommt aus dem Finnischen und heißt auf Deutsch: »Waldpfad«. In der letzten Aprilnacht haben die Finnen schon immer traditionsgemäß die neuen Waldpfade angelegt, die sie für den nahenden Sommer für die Versorgung ihrer Gemeinden brauchten.

b) In der Nacht vom 30. April auf den 1. Mai hat man schon vor Christi Geburt in manchen Gegenden mit einem großen Freudenfest den Sommer begrüßt. Die Kirche behauptete, dass bei diesen Festen Teufel und Hexen im Spiel wären und verbot sie. Heute gibt es wieder einige Walpurgisnacht-Festivitäten.

c) Walpurgis hieß die römische Göttin der Liebe. Ihr wurde die Nacht vom 30. April auf den 1. Mai gewidmet. In dieser Nacht galt es, sich zu lieben und Kinder zu zeugen. Noch heute ist die Geburtenrate vielerorts neun Monate nach der Nacht zum 1. Mai 30 % höher als in allen anderen Monaten.

Richtig ist Antwort b)

Die Nacht vom 30. April auf den 1. Mai gehört angeblich den Hexen. Das war aber nicht immer so.

Ursprünglich wurden in dieser Nacht Feste gefeiert, um den Frühling zu begrüßen. Vor allem auf dem größten Berg im Harzgebirge, dem »Brocken«, zündeten die Menschen ein großes Feuer an und tanzten singend um die Flamme.

Es wird angenommen, dass viele Menschen an diesen Abenden damals Rauschmittel in Form von Kräutern und Säften zu sich genommen haben. Daher kamen vermutlich die Erlebnisberichte von wilden Orgien zustande.

Als sich das Christentum im Harz immer mehr verbreitete, wurden die Feste verboten. Die Kirche verbreitete das Gerücht, dass in der Nacht zum 1. Mai die Hexen ausflogen, um sich auf dem so genannten Blocksberg zu versammeln und auf die Ankunft des Teufels zu warten.

Mittlerweile wird wieder jedes Jahr in vielen Harzgemeinden die Walpurgisnacht veranstaltet, allerdings weiß man mittlerweile, dass es sich um ein Volksvergnügen und nicht um Hexerei handelt.

Übrigens: Der 1. Mai ist der heiligen Walburga, der Schutzpatronin der Bäuerinnen und Mägde, geweiht – daher der Name Walpurgisnacht.

Warum schickt man am 1. April jemanden in den April?

a) Der Aprilscherz stammt aus dem Mittelalter und ist ziemlich makaber. Immer am 1. April wurden die zu Tode Verurteilten den Herrschern vorgeführt. Die machten sich einen Spaß daraus, die armen Schlucker auf unterschiedliche Weise zu veräppeln. Diejenigen, die den »Scherz« durchschauten, wurden freigelassen. Daraus entwickelte sich im Laufe der Jahrhunderte der eher harmlose Aprilscherz.

b) Am 1. April 1951 behaupteten die Minister von Bundeskanzler Adenauer, dass der russische Außenminister spontan zu Besuch kommen würde. Adenauer soll gerufen haben: »Was sitzt ihr hier rum! Lasst uns einen Kuchen backen!« Und er backte ihn höchstpersönlich, doch gegessen haben ihn seine Minister, denn der Besuch hat abgesagt. Seither gibt es den Aprilscherz.

c) Die Tradition, jemanden am 1. April in den April zu schicken, gibt es schon sehr lange. Allerdings gibt es verschiedene Theorien über die Herkunft und man weiß bis heute nicht, welche die richtige ist.

Richtig ist Antwort c)

Bestimmt hast auch du schon mal jemanden in den April geschickt oder wurdest selber Opfer eines Aprilscherzes. Zum Ursprung dieses Schabernacks gibt es mehrere Theorien:

1. Variante: 1564 führte der französische König Karl IX. eine Kalenderreform durch, bei welcher der Jahresanfang vom 1. April auf den 1. Januar verlegt wurde. Menschen, die aus Unwissenheit am 1. April Neujahr feierten, wurden verspottet.

2. Variante: In Augsburg sollte am 1. April 1530 Ordnung ins Münzwesen gebracht werden. Aus Zeitmangel fand dies allerdings nicht statt. Viele Spekulanten verloren ihr Geld und wurden noch dazu ausgelacht.

3. Variante: Am 1. April soll eine junge Dame Heinrich IV. um ein Rendezvous in ein Schlösschen gebeten haben. Der König wurde allerdings nicht von der reizenden Dame, sondern vom gesamten Hofstaat einschließlich seiner Gemahlin begrüßt.

4. Variante: Der Aprilnarr steht für den schwach gewordenen Winter, mit dem der stärker werdende Sommer tun kann, was er will.

Warum gibt es die Sommer- und die Winterzeit?

a) Die Autoindustrie hat sich 1980 in ganz Europa für die Zeitverschiebung im Sommer eingesetzt. Denn durch die gewonnene Stunde am Abend können Autoliebhaber noch bei Tageslicht längere Ausflüge unternehmen. Trotz Protesten von Umweltschutzverbänden konnte sich die Autolobby durchsetzen.

b) Auf diese Frage wurde noch keine befriedigende Antwort gefunden. Den neuesten Theorien zufolge bezweckt die Zeitverschiebung eine Art Familienzusammenführung, denn die Menschen haben im Winter mehr Zeit für sich und ihre Familien.

c) Die Sommerzeit wurde in Deutschland 1980 eingeführt. Der Grund: Wenn der Tag im Sommer früher beginnt, kann das Tageslicht am Abend länger ausgenutzt und damit eine Menge Energie gespart werden. Damals drehten die Ölländer aus politischen Gründen die Hähne zu und man war gezwungen, Energie-Sparprogramme durchzuziehen.

Richtig ist Antwort c)

Jedes Jahr am letzten Sonntag im März musst du deine Uhr nachts um eine Stunde vorstellen. Das ist ganz schön fies, denn es wird dir eine Stunde einfach weggenommen! Die bekommst du allerdings am letzten Sonntag im Oktober wieder zurück.

In Deutschland gibt es seit 1980 die Zeitumstellung. Zu dieser Zeit gab es eine so genannte Ölkrise. Die arabischen Staaten haben Deutschland damals aus politischen Gründen weniger Öl geliefert. Mit der Zeitumstellung wollte man Energie, also Öl, Strom und Gas sparen. Wenn der Tag nämlich früher beginnt, kann das Tageslicht länger genutzt werden. Denn im Sommer wird es früher hell und auf diese Weise wird Energie für Licht gespart.

Ob die Zeitumstellung aber wirklich beim Energiesparen hilft, ist sehr umstritten. Manche glauben nämlich, dass der Energieverbrauch seit Einführung der Sommerzeit sogar gestiegen sei! Sie sagen zum Beispiel, dass es im April morgens noch ziemlich kalt ist, sodass viele Menschen die Heizung aufdrehen und dadurch mehr Energie verbrauchen als früher.

Warum tragen Piraten Augenklappen?

a) Wenn sich die Seeleute in früheren Zeiten orientieren wollten, mussten sie immer mit einem Messinstrument direkt in die Sonne blicken. Da es noch keine Sonnenbrillen gab, haben sie sich dadurch die Netzhaut verbrannt und sind im Laufe der Zeit erblindet.

b) Piratenkapitäne lebten damals ein wildes und gefährliches Leben. Kämpfen war ihr Hauptjob, denn ihr Ziel war es, möglichst viele Schiffe zu entern und auszurauben. Und so verlor so mancher Pirat bei Kämpfen seine Hand, seinen Fuß oder das ein oder andere Auge.

c) Klaus Störtebeker, der berühmteste Pirat aus Deutschland, machte die Augenklappe zu einem Markenzeichen. Wer keine Klappe trug, galt unter den Piraten als Anfänger. Ganz egal, ob das Auge darunter verletzt war oder nicht – die Klappe zeigte, dass der Pirat eine Verletzung nicht fürchtete und dokumentierte damit Kampfgeist und Mut.

Richtig ist Antwort a)

Piratenkapitäne sehen auf vielen Bildern so aus: In der rechten Hand einen Säbel, da wo die linke Hand sein sollte, nur noch ein Haken und über einem Auge die berühmte Augenklappe. Viele Seefahrer waren tatsächlich auf einem Auge blind. Allerdings nicht, weil es ihnen ausgestochen wurde, sondern weil es regelrecht verbrannte, wenn sie sich orientierten.

Um zu berechnen, wo sie sich gerade befanden, mussten die Piraten nämlich längere Zeit mit dem »Jakobsstab«, einem Winkelmessinstrument, in die Sonne peilen. Wenn du schon einmal Sonnenstrahlen durch eine Lupe auf ein Papier geworfen hast, weißt du, wie schnell das Papier zu brutzeln anfängt. Genau das passierte, wenn die Kapitäne durch ihren Jakobsstab in die Sonne schauten. Nur brutzelte da nicht das Papier, sondern die empfindliche Augennetzhaut. Die unheilbaren Verbrennungen ließen die Piraten auf dem Auge schließlich erblinden.

Warum knöpfen Frauen anders als Männer?

a) Das Zuknöpfen von Männerhemden erfordert Geduld, und davon haben Männer meistens zu wenig. Also stellen sich die Frauen vor sie hin und schließen ihnen die Hemden. Daher hat man die Knopfleisten der Männer kurzerhand auf der anderen Seite angebracht, so war es für die Frauen leichter.

b) Ursprünglich knöpften alle Menschen gleich. Doch als die Mode für Frauen immer aufwändiger wurde und die Knopfleisten immer länger, legten sich die reichen Frauen Bedienstete zu, die ihnen beim Ankleiden halfen. Für die war es leichter, wenn die Knopfleisten auf der anderen Seite waren, denn sie standen ja vor und nicht in dem Kleid.

c) Männer und Frauen knöpfen gar nicht unterschiedlich. Das war lediglich von 1876 bis 1887 in Bremerhaven der Fall. Da lebte ein Schneider, der besonders originelle Ware anfertigte. Ein Gag waren seine so genannten Partnerjacken: Er vertauschte einfach bei einer die Knopfleiste und so konnte man zwei Jacken von Liebenden zu einer großen Jacke zusammenknöpfen.

Richtig ist Antwort b)

Frauen knöpfen ihre Jacken »rechts über links«. Das heißt, die Knöpfe ihrer Jacken oder Blusen befinden sich auf der linken Seite und die Knopflöcher auf der rechten. Die rechte Seite legen sie über die linke, um die Knöpfe durch die Löcher zu schieben. Bei Männern ist es genau umgekehrt, sie knöpfen »links über rechts«.

Ursprünglich wurden alle Jacken, Hemden und Hosen links über rechts geknöpft. Denn das ist die Methode, die für Rechtshänder am einfachsten ist.

Doch ab Mitte des 17. Jahrhunderts gab es einen Wechsel bei der Frauenkleidung. Die meisten prunkvollen Kleidungsstücke hatten lange Knopfleisten. Das Anziehen dieser Kleider war sehr aufwändig. Aber die Reichen und Adeligen konnten sich so genannte Zofen leisten, die ihnen beim Ankleiden halfen. Für die Zofen war es einfacher, wenn die Knopfleisten vertauscht waren. Denn sie standen ja vor der Dame mit dem Kleid. Also wurden die Knöpfe künftig auf der linken Seite angebracht.

Seit wann haben Frauen in Deutschland das Wahlrecht?

a) Die Deutschen waren schon immer sehr fortschrittlich. Sie durften sogar ihre Kaiser und Könige wählen, was sehr ungewöhnlich ist. Außerdem war die Gleichberechtigung zwischen Mann und Frau immer eine Selbstverständlichkeit. Im Gegensatz zu vielen anderen Ländern durften deutsche Frauen immer und überall mitbestimmen.

b) Die Frauen in Deutschland haben das ganze letzte Jahrhundert erbittert für die Gleichberechtigung zwischen den Geschlechtern gekämpft und am 1.1.2000 endlich das Recht erhalten, in allen politischen Fragen mitzubestimmen.

c) Nach dem ersten Weltkrieg, im Jahr 1918, gab es in Deutschland ein neues Gesetz. Unter all den Neuerungen wurde auch die Gleichberechtigung von Männern und Frauen festgesetzt. Gewählt haben die Frauen zum ersten Mal im Januar 1919.

Richtig ist Antwort c)

Es gab Zeiten in Deutschland, da durften Frauen nicht wählen. Es war ihnen sogar verboten, an politischen Versammlungen teilzunehmen. Damals vertraten viele die Meinung, dass Frauen nichts von Politik verstehen würden, sie sollten sich um die Familie und den Haushalt kümmern, basta!

Viele Frauen fingen an, sich dagegen zu wehren. Sie begannen, sich in Diskussionen einzumischen, veranstalteten Demonstrationen und schrieben Artikel in Zeitungen. Der Erfolg blieb nicht aus: Als am Ende des ersten Weltkrieges Deutschland eine demokratische Republik wurde, stand in dem neuen Gesetz, dass Frauen und Männer die gleichen Rechte und Pflichten im Staat haben. Das bedeutete also auch, dass Frauen ab diesem Zeitpunkt wählen durften.

Am 19. Januar 1919 war es so weit. Die Wahlbeteiligung der Frauen war sehr hoch. Es zogen auch Frauen als Abgeordnete ins Parlament ein. Damit war ein wichtiger Schritt zur Gleichberechtigung getan.

Warum haben Eisenbahnschienen in vielen Ländern den gleichen Abstand?

a) Die heutigen Eisenbahnschienen wurden von den gleichen Konstrukteuren entworfen, die zuvor die Straßenbahnschienen gebaut hatten. Der Radabstand der Straßenbahnwagen musste exakt in die Straßenfurchen der früheren Pferdewagen passen. Deshalb haben viele Schienensysteme auf der Welt den gleichen Abstand von 1435 Millimetern.

b) Ein italienischer Ingenieur errechnete den optimalen Abstand der Schienen. Dabei berücksichtigte er das Gewicht der Wagen und das Tempo des Zuges.

c) Der Erfinder der Eisenbahn ist der britische Ingenieur Richard Trevithick. Da seine Werkbank 1435 Millimeter breit war, haben auch die Schienen heute noch genau diese Breite.

Richtig ist Antwort a)

Der Abstand von Eisenbahnschienen beträgt in vielen Ländern (zum Beispiel in Amerika und Deutschland) exakt 1435 Millimeter. Diese merkwürdig krumme Zahl hat einen verblüffenden Ursprung:

In England wurden die Eisenbahnschienen von denselben Leuten hergestellt, die zuvor die Straßenbahnlinien gebaut hatten. Für die Straßenbahnschienen wiederum hat man dieselben Werkbänke und Werkzeuge benutzt wie beim Bauen normaler Pferdewagen. Der Abstand der Straßenbahnschienen und der Radabstand der Wagen waren also identisch.

Die Wagen mussten diesen Abstand haben, sonst wären die Räder beim Fahren auf den alten Fernstraßen Englands gebrochen. Denn die Straßen hatten tiefe Furchen mit eben genau diesem Abstand.

Diese Furchen wiederum stammten von den alten Römern bzw. von deren Pferdestreitwagen. Und der Radabstand war so gewählt, dass zwei Pferde vor dem Streitwagen Platz fanden.

Die Spurbreite unserer heutigen Eisenbahnen ist also von der Breite zweier Pferdehintern abgeleitet!

Warum stehen auf Kirchturmspitzen oft Hähne?

a) Eines Tages im Jahr 1465 landete in Butzbach ein Hahn auf der Kirchturmspitze, kam nicht mehr runter und verstarb. Die Kirchenmänner befestigten kurzerhand einen eisernen Hahn an der Todesstelle, um zu dokumentieren, was passieren kann, wenn man zu hoch hinauswill.

b) Der Hahn ist durch sein herrisches Verhalten in seiner Hühnerschar und durch sein allmorgendliches Krähen ein Sinnbild für Wachsamkeit und Herrschaft geworden. Daher setzte ihn die Kirche im Mittelalter vielerorts auf die Kirchturmspitze. Von dort aus sollte er über die Christen wachen.

c) Der Kölner Domarchitekt beauftragte 1248 einen Schmied zur Gestaltung der Turmspitze. Er wollte einen Engel oder eine Jesusgestalt. Der Schmid aber erkrankte und bot einen Hahn an, den er noch übrig hatte. Der Architekt war überglücklich, denn der Hahn war sein Lieblingstier. Ab 1251 schmückt er nun den Kölner Dom und viele Kirchenerbauer haben es den Kölnern nachgemacht.

Richtig ist Antwort b)

Der Hahn ist ein eindrucksvoller Wächter und Anführer seiner Hühnerschar. Für die Menschen strahlte er daher schon immer so etwas wie beständige Herrschaft aus. Und für die frühen Christen war er zusätzlich noch die Verkörperung von Wachsamkeit und Neuanfang. Denn mit dem ersten Hahnenschrei wurden die Christen tagtäglich von ihm zum Morgengottesdienst gerufen.

Als man im Mittelalter begann, hohe Kirchtürme zu bauen, stattete man sie an ihrer Spitze mit einem Kreuz oder einem Hahn aus. Auf dem höchsten Fleck der Stadt thronend, sollte der Hahn Wachsamkeit und Herrschaft über die christliche Gemeinde ausstrahlen. Das gelang ihm besonders gut, da der Kirchturm das höchste Gebäude der Stadt war und er frühmorgens als Erster von den Sonnenstrahlen beleuchtet wurde. Goldglänzend wies er so den rechten Weg in den neuen Tag.

Warum fährt man in den meisten Ländern rechts und in manchen links?

a) Früher, als noch Kutschen und Pferde die Straßen füllten, gab es überall auf der Welt nur Rechtsverkehr. Doch die Engländer wechselten mit der Erfindung des Autos auf die linke Straßenseite. Und zwar aus Protest! Zu diesem Zeitpunkt waren sie nämlich gar nicht gut auf die anderen Länder zu sprechen.

b) England ist das einzige Land auf der Welt mit Linksverkehr. Der Grund ist ein ganz einfacher: Queen Mum (also die Mutter der heutigen Königin) war Linkshänderin!

c) Früher gab es überall Linksverkehr, denn wenn ein Reiter auf der linken Straßenseite ritt, konnte er besser mit der rechten Hand auf Angreifer reagieren. Der Rechtsverkehr setzte sich in vielen Ländern durch, weil in der Schiff-Fahrt überall Rechtsverkehr herrschte. Und zwar weil Rechtshänder beim Ausweichmanöver viel besser nach rechts rudern konnten.

Richtig ist Antwort c)

Den Linksverkehr gibt es schon viel länger als den Rechtsverkehr. Er kommt aus der Zeit, als die Menschen noch zu Pferde unterwegs waren. Die Ritter im Mittelalter zum Beispiel ritten auf der linken Straßenseite, um in ihrer rechten Hand ein Schwert oder eine Lanze zur Verteidigung parat zu haben.

Der Rechtsverkehr kam auf, als die Schiff-Fahrt immer stärker zunahm. Wenn sich zwei Paddler begegnen, ist es sinnvoll, nach rechts auszuweichen, weil im rechten Arm bei den meisten viel mehr Kraft steckt. Daher herrscht auf allen Wasserstraßen der Welt Rechtsverkehr.

In Ländern mit viel Schiff-Fahrt wie Deutschland und Frankreich setzte sich daher auch auf den Straßen der Rechtsverkehr durch.

Dagegen wird unter anderem in Großbritannien, Irland, Australien sowie in fast allen Ländern Ostasiens (z. B. Japan) links gefahren.

Woher kommen die Bumerangs?

a) Bumerangs waren bei den australischen Ureinwohnern, den Aborigines, praktische Jagdwaffen. Falls sie die Beute nicht erwischten, kam die Waffe wieder zurück. Der älteste bisher gefundene Bumerang ist ungefähr 10 000 Jahre alt.

b) Ein kleiner Junge aus Russland fand ein gebogenes Brett und entdeckte zufällig, dass es immer wieder zurückkam, wenn er es warf. Stolz zeigte er es seinem Vater, der daraufhin sofort jede Menge Bumerangs schnitzte und erfolgreich als Spielzeug verkaufte. »Bumerang« ist russisch und heißt auf Deutsch: »Glücksbrett«.

c) Schon die Affen in Südamerika und Afrika benutzten gebogene Äste als Wurfgeschosse. Sie konnten sich damit die Bananenstauden vom Baum holen, ohne danach lange das wertvolle Geschoss suchen zu müssen. Denn es kehrte ja wieder zurück. Die Menschen haben es den Affen nachgemacht.

Richtig ist Antwort a)

Bumerangs wurden früher als Wurfwaffen verwendet. Das war besonders praktisch, denn falls der Jäger die Beute nicht erwischte, kam die Waffe von selbst wieder zurückgeflogen. Auf diese Weise haben Jäger in vielen Teilen der Erde ihre Familien ernähren können, vor allem in Australien. Von da kommt auch der Name: »Woomera« bedeutet in der Sprache der Aborigines »Wurfbrett« oder »Wurfwaffe«. Der älteste Bumerang wurde in Australien gefunden. Er ist ungefähr 10 000 Jahre alt.

Die heutigen Bumerangs sehen völlig anders aus als die damaligen Jagdwaffen und sind in erster Linie Sportgeräte.

Wenn du einen Bumerang wirfst, versetzt du ihn in eine Vorwärts- und in eine Drehbewegung. Der obere Flügel hat eine höhere Geschwindigkeit als der untere. Daher kippt der Bumerang von rechts nach links bzw. bei Linkshändern umgekehrt. Auf diese Weise wird er in eine Kreisbahn gezogen – und kehrt zurück.

Was feiern wir am Valentinstag?

a) Valentin war im 18. Jahrhundert Kaiser von Holland. Er war berühmt für sein friedliches Naturell. Als ihm Kaiser Pedro von Spanien am 14. Februar 1781 den Krieg erklärte, schenkte Valentin ihm einen Blumenstrauß. Der Spanier war so verblüfft, dass es nicht zum Krieg kam. Seither schenkt man sich in der ganzen Welt am 14. Februar Blumen.

b) Valentin war ein Bischof, der im 2. Jahrhundert nach Christus gegen den Befehl des Kaisers Paare in seiner Kirche getraut hat. Dafür wurde er getötet. Und die Menschen verehren ihn seither jedes Jahr an seinem Todestag, dem 14. Februar.

c) Das Valentinskraut blüht in Europa Mitte Februar. Wenn man darauf kaut, hat es eine berauschende Wirkung. Vor allem im Mittelalter wurden daher Mitte Februar jede Menge Feste gefeiert. Heute ist der Genuss dieses Krauts verboten und zum Gedenken an diese Zeit schenkt man sich Mitte Februar Blumen.

Richtig ist Antwort b)

Es soll tatsächlich im 2. Jahrhundert nach Christus einen Valentin gegeben haben. Er war Bischof und der Sage nach widersetzte er sich den Befehlen des Kaisers Claudius Gothicus. Der hatte nämlich seinen Soldaten verboten, christlich zu heiraten. Er meinte, dass unverheiratete Männer mit mehr Elan ihr Land verteidigen würden als verheiratete – und mit dem Christentum stand der Kaiser sowieso auf Kriegsfuß.

Valentin beachtete das Verbot nicht und traute heimlich die verliebten Paare in seiner Kirche. Doch der Kaiser kam ihm auf die Schliche und ließ ihn töten.

Seit dem 4. Jahrhundert verehren die Menschen Valentin immer an seinem Todestag, dem 14. Februar. Vielerorts wird dieser Tag auch der »Tag der Liebenden« genannt.

Wer oder was sind die Eisheiligen?

a) Die Eisheiligen sind ganz bestimmte Eissorten. Und zwar solche, in denen lediglich Kräuter mit Milch und Sahne vermengt werden. Es dürfen keine Zusatzstoffe dabei sein. Nur dann erhält ein Eis den Beinamen »heilig«.

b) 1987 gab es einen sensationellen Fund im ewigen Eis von Grönland. Zufällig fand man drei Tote, von denen man annimmt, dass es sich um drei Heilige handelt, die vor mindestens 3000 Jahren dort bei einer Lawine umkamen. Heute ist am Fundort ein Museum, in dem die drei Eisheiligen besichtigt werden können.

c) Vom 11. bis 15. Mai kann es in Deutschland noch einmal eisig kalt werden und Bodenfrost geben. An diesen Tagen im Mai feiert die katholische Kirche auch Namenstage von Heiligen, so entstand der Name: Eisheilige.

Richtig ist Antwort c)

Mit den so genannten »Eisheiligen« sind einfach nur ein paar Tage im Mai gemeint. Die katholische Kirche feiert ja das ganze Jahr Namenstage von ganz bestimmten Heiligen, also Menschen, die irgendwann einmal etwas Besonderes für den Glauben getan haben. Und im Mai werden die Namenstage von Mamaertus (11. Mai), Pankratius (12. Mai), Servatius (13. Mai), Bonifatius (14. Mai) und Sophia (15. Mai) gefeiert.

Nun ist es nicht so, dass etwa die Heiligen besonders kalt waren oder sie gerne Eis aßen, sondern ihre Namenstage liegen nur genau in der Zeit, in der es in Deutschland noch mal zu Bodenfrost kommen kann. Daher der Name: Eisheilige.

Für die Bauern und Gärtner heißt das, dass vor den Eisheiligen noch nichts gepflanzt werden sollte, weil Gefahr besteht, dass der Frost die jungen Pflanzen zerstört.

Warum schmücken wir an Weihnachten einen Tannenbaum?

a) Im Mittelalter wurde in den Kirchen zur Weihnachtszeit die Geschichte von Adam und Eva aufgeführt. In der Geschichte geht es unter anderem um einen Apfel, der von einem Baum gepflückt wird. Im Mittelpunkt stand also ein Baum mit roten Äpfeln. Daraus entwickelte sich der Weihnachtsbaum.

b) In der Bibel steht geschrieben, dass sich Jesus im Alter von vier Jahren von seiner Mutter Maria einen bunten Baum zum Geburtstag wünschte. Maria schmückte also einen Tannenbaum mit Früchten und Gebäck. Und da wir an Weihnachten Jesus' Geburtstag feiern, tun wir es ihr Jahr für Jahr nach.

c) Es wird erzählt, dass am 24.12.1815 einem kleinen französischen Jungen ein Engel erschienen ist. Der drückte ihm einen bunt geschmückten Tannenbaum in die Hand und sagte: »Trage ihn heim.« Der Junge trug den Baum nach Hause und die kranke Mutter sowie das blinde Brüderchen wurden sofort gesund. Seither gibt es bunte Bäume zur Weihnachtszeit.

Richtig ist Antwort a)

Im Mittelalter gab es am Weihnachtsabend das so genannte Paradiesspiel. Darin wurde die Bibelgeschichte von Adam und Eva gezeigt. Zu diesem Spiel gehörte auch ein immergrüner Baum als »Paradiesbaum«, der mit roten Äpfeln geschmückt war. Denn in der Geschichte heißt es ja, dass Eva den Adam durch einen Apfel zur Sünde verführt hat und Gott die beiden dann aus dem Paradies vertrieben hat. Jesus, dessen Geburt wir an Weihnachten feiern, hat die Menschen durch seinen Tod wieder von den Sünden befreit, so der christliche Glaube.

Seither sind die christlichen Symbolfarben zur Weihnachtszeit Grün (wie der Baum) und Rot (wie die Äpfel). Grün symbolisiert die Treue und die Lebenskraft, die in wintergrünen Gewächsen steckt. Und Rot erinnert an das Blut Christi, das er vergossen hat, damit die Welt erlöst werde.

Erst seit der ersten Hälfte des 19. Jahrhunderts steht der Weihnachtsbaum nicht nur in der Kirche, sondern zusätzlich noch bei fast jeder Familie im Wohnzimmer. Ab da kam auch die feierliche Beleuchtung mit Kerzen und später auch mit Lichterketten hinzu.

Woher kommen die Farben der deutschen Flagge?

a) Kaiser Wilhelm II. hatte drei Kinder. Schwarz war die Lieblingsfarbe des ältesten Sohnes, Rot die der Tochter und Gold die des jüngsten Sohnes. Also bestimmte der Kaiser diese drei Farben zu den Farben der deutschen Flagge.

b) Im Befreiungskampf der Deutschen gegen die Franzosen Anfang des 19. Jahrhunderts trug eine besonders aktive Truppe eine schwarze Uniform mit roten Aufschlägen und goldenen Knöpfen. Das war die Geburtsstunde der drei deutschen Farben, aus denen sich die deutsche Fahne entwickelte.

c) Johann Wolfgang von Goethe war nicht nur ein berühmter Schriftsteller, sondern auch Politiker und Forscher. Unter anderem machte er große Entdeckungen in der Farbenlehre. So erkannte er zum Beispiel, dass die Zusammenstellung Schwarz-Rot-Gold sehr schmeichelnd für die Augennetzhaut sei und setzte daher diese Farben als deutsche Flaggenfarben bei der Politik durch.

Richtig ist Antwort b)

Als die Franzosen unter Napoleon Anfang des 19. Jahrhunderts Deutschland einnahmen, wehrten sich viele Deutsche gegen die französischen Eindringlinge.

Es gab eine Truppe, die einen ganz besonders hartnäckigen Befreiungskampf führte: Sie hieß die »Schwarze Schar« und wurde von Adolf von Lützow angeführt. Die Mitglieder beschlossen, sich eine einheitliche Kleidung zuzulegen. Heraus kam eine schwarze Uniform mit roten Samtaufschlägen und goldenen Knöpfen.

Am 17. Juni 1813 geriet diese Truppe in der Nähe von Leipzig in einen Hinterhalt und wurde aufgelöst. Doch später taten sich wieder sieben Soldaten der ehemals »Schwarzen Schar« zusammen und gründeten die so genannte »Burschenschaft zu Jena«. Für ihre Fahne wählten sie in Gedenken an die Truppe rund um Lützow die Farben Schwarz, Rot und Gold. Allerdings war die Fahne zu dem Zeitpunkt noch schwarz-rot-schwarz und hatte goldene Fransen.

1848 schließlich wurden Schwarz, Rot und Gold im Gesetz als die drei Farben für die deutsche Flagge festgelegt.

Kämpften Sportler in der Antike nackt?

a) Nein. Die Arenen in der Antike waren bei Wettkämpfen immer völlig ausverkauft und keiner hätte sich getraut nackt zu erscheinen, warum auch?!

b) Nein, natürlich nicht. Allerdings glaubte man das eine Zeit lang, denn bei Ausgrabungen wurden Vasen gefunden, die nackte Sportler während der olympischen Spiele zeigten. Mittlerweile weiß man allerdings, dass es sich bei den Zeichnungen lediglich um die Fantasie der Künstler handelte.

c) Ja, die Sportler in der Antike kämpften tatsächlich nackt. 720 vor Christus verlor nämlich ein Läufer mitten im Wettkampf seinen Lendenschurz und gewann. Man nahm daraufhin an, dass die Sportler ohne Kleidung schneller und besser sind. Also traten sie zukünftig nackt an.

Richtig ist Antwort c)

Bei den 15. Olympischen Spielen im Jahre 720 vor Christus soll tatsächlich Folgendes passiert sein: Der Läufer Orsippos von Megaron soll während des Wettlaufs seinen Lendenschurz verloren und gewonnen haben!

Alle waren sich einig: Megaron konnte sich ohne Kleidung freier und schneller bewegen und errang daher den Sieg. Also traten zukünftig die Sportler nackt zu den Wettbewerben an. Außer natürlich die Reiter, denn bei ihnen war die Verletzungsgefahr zu groß.

Zudem diente das Nacktsporteln auch der Ästhetik. Der berühmte griechische Philosoph Aristoteles schrieb zum Beispiel, dass Nackte nicht so stark schwitzen müssten und zudem auch noch schön braun werden würden. Braune Haut war bei den Griechen damals ein Schönheitsideal.

Nun ist auch klar, warum auf alten griechischen Vasen die Sportler nackt dargestellt sind, zumindest meistens. Nur wenn die Griechen Vasen für schamhaftere Zeitgenossen herstellten, malten sie Lendenschurze.

Warum gibt es Sparschweine?

a) Einer griechischen Sage zufolge besaß Dionysos, der Gott des Weines, ein Hausschwein, das Goldtaler ausschied. Also haben sich die Griechen vor über 4000 Jahren Schweine getöpfert, doch leider kam bei ihnen nur das Geld heraus, das sie vorher selber reingeworfen hatten.

b) Die Tonmischung, aus der früher Krüge zur Geldaufbewahrung hergestellt wurden, hieß »pygg«. Das ganze Gefäß hieß entsprechend »pygg banks«, weil es eben – wie eine Bank – Geld aufbewahrte. Eine Töpferei hat das missverstanden und töpferte Schweine, denn »pig« ist das englische Wort für Schwein.

c) In der größten Bank Ohios in Amerika bewachte Anfang des 19. Jahrhunderts ein dressiertes Schwein den Safe. Als ein berüchtigter Bankräuber auftauchte, biss es ihm kurzerhand in den Knöchel und quiekte alle Angestellten zusammen. Zum Dank durfte das Schwein seinen Lebensabend im Büro des Direktors verbringen. Und der ließ ab diesem Tag Sparschweine aus Ton herstellen.

Richtig ist Antwort b)

Im mittelalterlichen England haben sich die Menschen aus einer billigen Tonmischung Tongefäße hergestellt, in denen sie das Geld versteckten, das sie übrig hatten. Da sie ihr Geld nicht zur Bank trugen, sondern eben in den Krug oder die Schale legten, und da die dafür verwendete Tonmischung den Namen »pygg« trug, wurde das Gefäß schlicht »pygg banks« oder salopper »piggy banks« genannt.

Nun wird folgende Geschichte erzählt: Irgendwann im 19. Jahrhundert erhielt angeblich eine englische Töpferei einen Auftrag zur Produktion von »pygg banks«. Tja, und da zu diesem Zeitpunkt die Tonmischung schon lange aus der Mode gekommen war und keiner mehr den Namen »pygg« kannte, hat die Töpferei den Auftrag völlig missverstanden und töpferte Schweinchen. Denn »pig« ist englisch und heißt auf Deutsch Schwein.

Mit einem Schlitz am Rücken wurde das Sparschwein sofort der Renner, besonders bei Kindern.

Was bedeutet »Kinderschutz«?

a) Es gibt Erwachsene, die allergisch auf Kinder reagieren. Bei den meisten schwillt entweder der Hals an oder sie bekommen Wutausbrüche. Betroffene können ein Medikament zum Schutz vor Kindern beantragen. Die Kinderschutztablette hilft zum Glück meistens sofort.

b) Noch vor 100 Jahren mussten viele deutsche Kinder arbeiten, damit sie genug zu essen hatten. 1904 kam ein Gesetz heraus, dass Kinder bis 12 Jahre vor Arbeit schützte. Der Anfang war getan. Mittlerweile bedeutet Kinderschutz weit mehr: Er sorgt zum Beispiel dafür, dass Kinder zur Schule gehen, gewaltfrei erzogen werden etc.

c) Kinderschutz werden die vielen Reflektorstreifen und Lichter genannt, die an Kinderanoraks, Fahrrädern und Schulranzen angebracht sind. Sie heißen Kinderschutz, weil sie Kinder im Dunkeln vor Gefahren im Straßenverkehr schützen.

Richtig ist Antwort b)

Noch vor 100 Jahren war es in Deutschland völlig normal, dass Kinder arbeiten mussten. Sie gingen nicht zur Schule, sondern halfen auf dem Feld bei der Ernte, standen in der Fabrik am Fließband oder saßen stundenlang daheim an einem Tisch und nähten.

Im Januar 1904 kam ein Gesetz heraus, das die Kinderarbeit regelte. Es legte fest, wann und wie lange Kinder arbeiten durften. Allerdings schützte dieses Gesetz zunächst nur Kinder bis 12 Jahre. Wer älter war, konnte weiterhin zur Arbeit geschickt werden.

Heutzutage gibt es viele Gesetze, die das Leben der Kinder schützen. Alle sind in einem Gesetzbuch zusammengefasst: dem Jugendschutzgesetz.

Darin ist beispielsweise festgelegt, dass jedes Kind ein Recht auf Bildung, Gesundheit und auf eine gewaltfreie Erziehung hat.

Lebt ein Kind in einem Umfeld, in dem eines dieser Rechte nicht eingehalten wird, setzt sich das Jugendamt für dieses Kind ein.

Warum drücken wir uns gegenseitig die Daumen?

a) Der Aberglaube kommt aus einer Zeit, als es noch keine Maschinen gab. Der Daumen als der kräftigste und somit wichtigste Finger wurde Glücks- oder Gottesfinger genannt. Wer ihn mit den anderen Fingern umschloss, also »drückte«, glaubte, sich vor allem Übel zu schützen.

b) Das Daumendrücken soll helfen, an denjenigen zu denken, der gerade in einer Prüfung sitzt. Wissenschaftler haben festgestellt, dass Gedankenenergie tatsächlich in Form von Schallwellen übertragen wird.

c) Die Geste des Daumendrückens stammt aus der Steinzeit. Als die Menschen sich noch mit den blanken Händen verteidigten, war der Daumen die gefährlichste Waffe. Den Daumen mit den anderen Fingern zu umschließen, war ein Zeichen des Friedens. Diese positive Geste verwandelte sich in die uns bekannte Glücksbringer-Geste.

Richtig ist Antwort a)

Wenn du jemandem die Daumen drückst, willst du ihm für ein bestimmtes Vorhaben Glück wünschen. Aber wie kann dein gequetschter Daumen einem anderen Menschen, der weit weg vor einer Prüfungsaufgabe schwitzt, helfen? Da handelt es sich wohl um einen Aberglauben, denn das funktioniert sicher nicht.

Doch woher kommt dieser Glaube? Der Daumen ist der dickste und stärkste Finger, den wir haben. Früher, als es noch keine Maschinen gab und alles noch mit den Händen angefertigt wurde, war er der wichtigste Finger. Auf einen der anderen hätte man notfalls verzichten können, doch ohne Daumen war es nicht möglich, ein Schwert oder Werkzeug zu halten. Daher galt er als Glücksfinger oder sogar als Gottesfinger. Es gab hohe Strafen, wenn bei einem Kampf der Daumen verletzt wurde. Im Volksglauben umschloss man den Daumen mit den anderen Fingern, um sich vor allem Möglichen zu schützen. Heute beschützt man damit nicht mehr sich selber, sondern eben den Freund in einer Prüfung.

Warum essen die Chinesen mit Stäbchen?

a) Stäbchen gab es lange vor Gabeln. Messer galten lediglich als Küchenwerkzeug zur Vorbereitung von Speisen, gehörten aber nicht auf den Tisch. Alle Menschen aßen damals mit den Fingern. Warum die Chinesen vor fast 4000 Jahren plötzlich Stäbchen benutzten, ist nicht klar. Vielleicht war es einfach nur praktisch, weil man dadurch bequem essen konnte und die Finger sauber blieben.

b) Chinesische Ess-Stäbchen gibt es genau seit dem 30. Februar 1813. An diesem Tag rammte sich der Kaiser von China aus Versehen eine Gabel tief in seine rechte Hand. Noch am gleichen Tag brachte er ein neues Gesetz heraus: »Ab heute wird in meinem Land nur noch mit ungefährlichen Stäben gegessen!«

c) In China wird überhaupt nicht mit Stäbchen gegessen. Lediglich die chinesischen Restaurants in Europa haben sie zur Tradition erklärt, weil das Stäbchenessen für die Europäer aufregend und spannend ist.

Richtig ist Antwort a)

Die chinesischen Ess-Stäbchen gibt es schon seit fast 4000 Jahren. Damals haben noch alle Menschen auf der Welt mit den Händen gegessen. Messer waren lediglich Werkzeuge zur Vorbereitung der Nahrung und Gabeln waren noch nicht erfunden.

Es ist nicht so ganz klar, wie die Chinesen auf die Idee kamen, ihr Essen zwischen zwei Stäbchen zu klemmen, um es dann in den Mund zu schieben. Konfuzius, ein chinesischer Philosoph, soll angeblich gesagt haben, dass ein Messer eine gefährliche Waffe am Tisch sei. Vielleicht fanden die Chinesen das Essen mit Stäbchen aber auch einfach nur vornehmer als mit den Händen. Oder bequemer, denn die Speisen wurden in der Küche schon immer zu mundgerechten Stücken zugeschnitten, sodass man beim eigentlichen Essen keine Arbeit mehr hatte. Große Teile wie zum Beispiel ein Schnitzel kommen in China nicht auf den Tisch.

Die Reichen hatten Stäbchen aus Elfenbein oder Silber. Alle anderen aßen mit Holz- oder Bambusstäbchen.

Übrigens: Es gibt Schätzungen, dass ca. 500 Millionen Menschen Messer und Gabel benutzen, 1,2 Milliarden Stäbchen verwenden und ca. 4,6 Milliarden Menschen mit den Fingern essen.